Flüchtlingskrise in Europa

Warum das Recht auf Asyl

keine Obergrenze kennen kann

Warum Deutschland nicht
überfordert ist

Ein Plädoyer für
Nächstenliebe und Menschlichkeit

Herausgegeben von Hubertine Therese Suttner

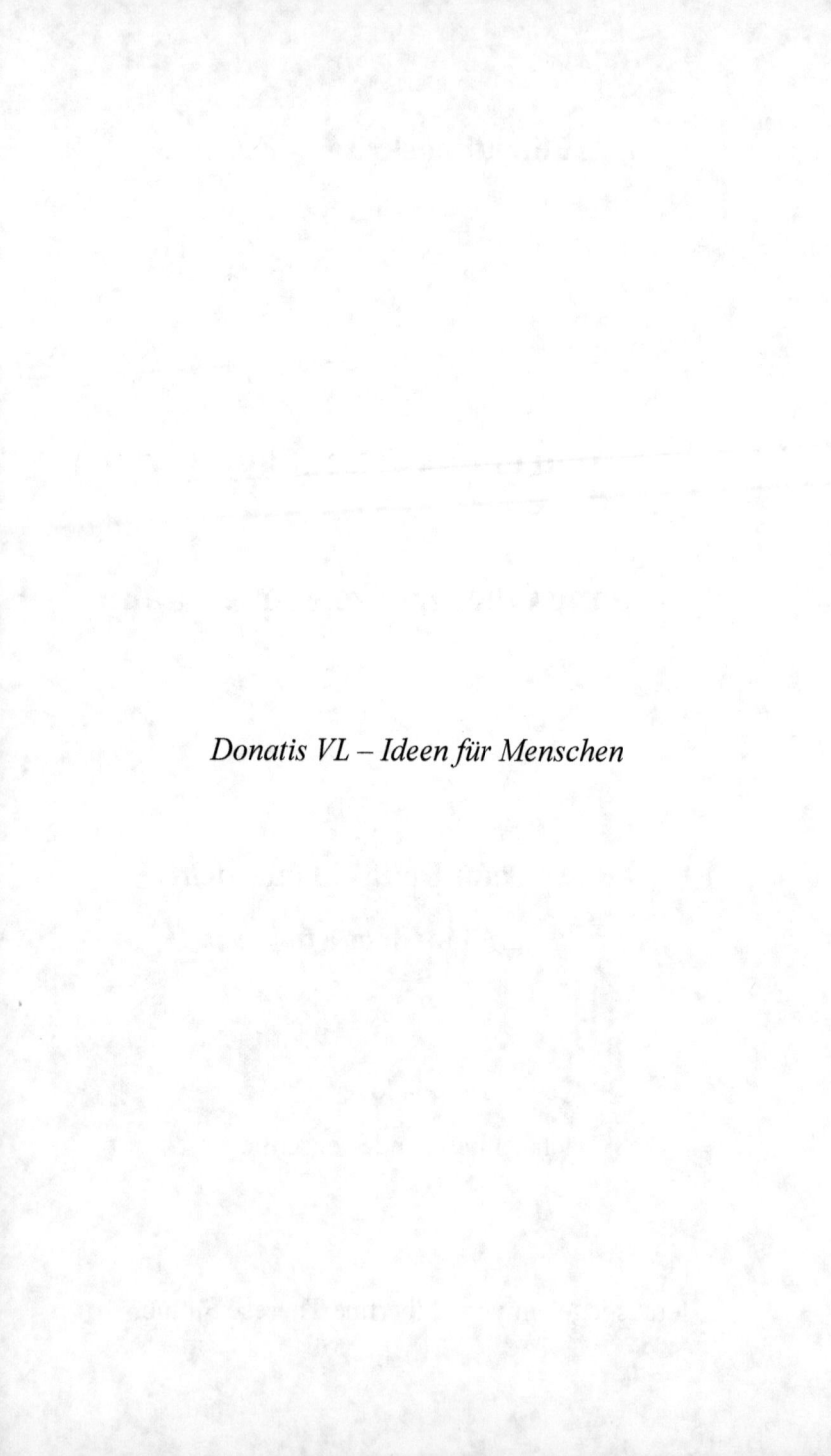

Donatis VL – Ideen für Menschen

„Ich war fremd und obdachlos, und ihr habt mich aufgenommen. Ich war hungrig, und ihr habt mir zu essen gegeben. Ich war durstig, und ihr habt mir zu trinken gegeben." (Mt 25.,35)

Renovatio

IMPRESSUM

Warum das Recht auf Asyl keine Obergrenze
kennen kann

2015© Hubertine Therese Suttner

Alle Rechte vorbehalten

hubertinesuttner@yahoo.de

ISBN-13: 978-1519619228

ISBN-10: 1519619227

Inhaltsverzeichnis

Einleitung

In diesem Jahr müssen wir Zeuge einer humanitären Tragödie unglaublichen Ausmaßes werden. Nie zuvor in der Geschichte der Bundesrepublik Deutschland sind so viele verzweifelte Menschen zu uns geflüchtet, weil sie in ihrer Heimat nicht mehr menschenwürdig leben konnten.

Wie groß müssen Not und Angst der Menschen dort sein, wenn sie einen so weiten Weg voller Gefahren auf sich nehmen, um bei uns um Obdach und Hilfe zu bitten?

Gleichzeitig durften wir aber auch Zeuge von etwas Wundervollem werden. Etwas was in der Geschichte der Bundesrepublik genauso einmalig ist. Wir durften miterleben, wie groß die Herzen und die Hilfsbereitschaft von so vielen Freunden, Bekannten und Mitbürgern ist, die sich ehrenamtlich für die gepeinigten und bedauernswerten Menschen engagierten, welche am Ende ihrer Kräfte nach einer gefahrvollen Reise durch Europa am Bahnhof in München ankamen.

Diese Welle an Hilfsbereitschaft hat mich gerührt. Ich bin stolz und froh, in der Gegenwart solch außergewöhnlicher Mitmenschen leben zu dürfen, die solch große Herzen ihr Eigen nennen.

Dennoch – auch jetzt geht die Flucht weiter, brechen Menschen an den verschiedensten Orten der Welt auf, um bei uns ein besseres Leben führen zu können. Wir sind also weitergefordert, in unserer Hilfe nicht nachzulassen.

Denn wir haben nun nicht nur Verantwortung übernommen für die vielen Hunderttausend Flüchtlinge, die bereits unter uns wohnen, sondern wir müssen auch weitere Verantwortung übernehmen. Für all diejenigen, welche noch zu uns kommen werden. Hier wird jeder von uns gefragt sein, seinen Teil beizutragen.

Doch obwohl wir in Tagen solch außergewöhnlicher Solidarität leben, gibt es auch

Entwicklungen und Stimmen unter uns, welche mir Sorge bereiten.

So überwältigt ich vom Anblick der vielen Helfer war, die auf den Bahngleisen Schilder hochhielten, auf denen „Flüchtlinge willkommen" stand, so beunruhigt bin ich, wenn ich in den Nachrichten auch andere Bilder sehe und andere Stimmen höre.

Bürger, die sich fragen, ob wir nicht überfordert sind? Was man tuen kann, damit nicht noch mehr Flüchtlinge hierher kommen. Stimmen, die gar fordern, unsere Grenzen zu schließen.

Und zu allem Übel Bilder von Tumult und Gewalt, von brennenden überfüllten Turnhallen und Flüchtlingsheimen.

Diese Bilder entsetzen mich.

Haben denn manche vergessen, wie gut es den Menschen in diesem Land geht, wie wohlhabend wir im Vergleich zu den meisten unserer Mitmenschen in Gottes Welt sind? Haben sie vergessen, dass solch ein Reichtum immer auch zum Helfen verpflichtet? Das wir uns von unseren Herzen leiten lassen sollen und nicht von Egoismus, Angst, oder Abneigung? Das uns nur das zu guten Menschen macht?

Beiden Parteien möchte ich dieses Buch widmen.

Den unzähligen Helfern möchte ich danken, ihre Verdienste würdigen und ihnen auch gleichzeitig Mut zusprechen, weiterhin standhaft und engagiert zu bleiben.

Und denen, die weniger an die Not anderer denken mögen, sondern mehr an ihre eigenen Privilegien. Dies ist nicht der richtige Weg. Wir Menschen sind alle gleich geboren. Wir sind alle gleich schutzbedürftig. Und auch verpflichtet, unsere Schwestern und Brüder auf der ganzen Welt mit offenen Armen und weiten Herzen zu empfangen, in der Stunde ihrer bittersten Not.

Nächstenliebe und Hilfsbereitschaft gehören zu unseren wichtigsten, herausragendsten Tugenden, sie sind mit unsere besten Eigenschaften als Menschen.

Und sie schlummern in jedem von uns, sie müssen nur geweckt werden, um Gutes zu vollbringen.

Die Flüchtlinge und Asylbewerber
sind Menschen genau wie wir

Wir sind alle Geschöpfe Gottes. So steht es in seiner Schrift.

Und selbst wenn jemand nicht an Gott glaubt, so kann er nicht leugnen, dass wir Menschen alle gleich sind.

Niemand ist mehr wert oder besser oder schützenswerter. Schon gar nicht, weil der Ort, wo er lebt, oder die Zeit, zu welcher er geboren ist, sich unterschieden mögen.

Niemand von uns hat entschieden, wann und wo er geboren wurde. Und auch nicht ob er geboren. Schon in diesem Moment der Geburt sind wir alle gleich: wie, wo und wann wir geboren werden unterliegt nicht unserem Einfluss. Ebenso wenig können wir mitbestimmen, ob das Land, wo wir geboren werden, gerade eine Friedensperiode erlebt oder Kriegswirren, Revolutionen oder Hungernöte erdulden muss.

Wir können es Zufall oder Schicksal nennen, gerecht oder ungerecht, Pech oder Glück. Aber wir haben darauf keinen Einfluss gehabt. Und genauso können wir es niemandem vorwerfen, wenn er im Krieg aufwächst und Verfolgung ausgeliefert ist.

Wir haben auch alle die gleichen Rechte und Pflichten. Gegenüber uns aber vor allem auch gegenüber unseren Mitmenschen. Uns alle eint die Pflicht zur Hilfe. Hilfe für uns selbst genauso wie Hilfe gegenüber unseren Mitmenschen, unseren Brüdern und Schwestern, die Not erleiden müssen. Denen es nicht so gut geht wie uns.

Die Menschlichkeit verpflichtet uns zur Hilfe. Jeder Mensch hat das Recht auf Glück, dass darf ihm nicht verwehrt werden.

Und wenn das bedeutet, dass er von dort, wo er keine menschenwürdige Zukunft mehr hat, flüchtet, dann müssen wir ihn mit offenen Armen empfangen.

Ihm helfen. Seiner Familie. Not und Leid lindern. Auch wenn uns das Opfer abverlangt.

Wenn wir etwas von unserem Glück und unserem großen Wohlstand abgeben, so geht es uns danach doch immer noch gut. Wir haben doch so viel davon bei uns.

Aber dieses kleine Stück, was wir abgeben, was bedeutet das all denen, die hierher flüchten und gar nichts mehr haben, außer was sie am Leibe tragen? Wie viel mag ihnen das bedeuten? Wie viel Dankbarkeit werden sie empfinden? Wir können es wohl nur erahnen, wenn wir die gezeichneten Gesichter in den Nachrichten erblicken.

Ich glaube fest, dass diese Hilfe, die wir leisten, uns erst zu guten Menschen macht. Wie sähe unsere Welt ohne Hilfe und Barmherzigkeit aus? Wer würde in ihr Leben wollen?

Und ich glaube auch, dass diese Hilfe keine Grenze kennt. Jeder Mensch kann jeden Tag eine gute Tat vollbringen. Auch wenn sie noch so klein sein mag. Wenn alle etwas beitragen, dann ist so viel möglich.

Was müssen diese armen Menschen erduldet haben?

Ich bin jeden Tag dankbar, dass wir es in unserer Heimat so gut haben.

Dass wir in Frieden leben, und zwar seit so langer Zeit. Dass es bei uns keinen Krieg, keine Gewalt und keine Terroranschläge gibt, wie in so vielen anderen Ländern. Dass wir nicht unter Verfolgung und Folter leiden müssen. Dass wir so viel zu essen und zu trinken haben. Dass alle vor dem Gesetz gleich ist, alle die gleichen Rechte haben.

Dies ist ein so großes Privileg, dass wir genießen dürfen. Wir dürfen es keinen Moment unseres Lebens vergessen. Es ist nicht selbstverständlich.

Zu allen Zeiten in der Geschichte der Menschheit und an den meisten Orten der Welt ging und geht es den Menschen bei weitem nicht so gut wie uns. Wir haben solch ein Glück, in diesem Frieden und Wohlstand zu leben, vergessen wir nicht manchmal, wie einzigartig dies ist, im Vergleich zu all dem Leid und der Not der Menschen in unserer Geschichte und Gegenwart?

Und in welcher Not befanden und befinden sich all die Flüchtlinge, welche in diesen Tagen zu uns kommen?

Wie groß muss die Verzweiflung, das Leid, die Angst um das eigene Leben und das der Familie, ja der eigenen Kinder sein? Wie entsetzlich die Zukunftsangst, die tägliche Qual und die Perspektivlosigkeit, die in jenen Ländern herrschen, wenn sich Hunderttausende in so kurzer Zeit der Flucht zuwenden? Wie enorm der Kummer ob der Zerstörung, die diese Länder heimsucht?

Die Flüchtlinge kommen aus Gebieten, wo schon seit langem Bürgerkrieg oder Hungernöte herrschen, wo Gewalt, Vertreibung, Vergewaltigung und Folter an der Tagesordnung sind. Wo die Angehörigen von ethischen Minderheiten oder bestimmten Religionen nur aufgrund der Zugehörigkeit zu ihrer Gruppe gnadenlos verfolgt und mit dem Tod bedroht werden.

Ihre Ausweglosigkeit und Bedrängnis sind für uns, die wir gottlob in einem so reichen, friedlichen Land leben dürfen, wohl nur zu erahnen.

Wir dürfen dies nicht ignorieren. Die schlimmste Katastrophe wäre doch, wenn wir vergessen, wie gut wir es haben, aber wie schlecht es so vielen anderen geht. Ich bin daher froh, dass in unseren Nachrichten auch die zu Wort kommen, die gerade höchste Not erleiden. Und wir von ihrer Schutzbedürftigkeit erfahren.

Warum wir verpflichtet sind zu helfen

Jedes mal, wenn ich an die schrecklichen Bedingungen und Bedrängungen denke, unter denen die meisten Menschen auf der Welt zu leiden haben, erschaudere ich.

Wir kennen keinen Hunger, keinen Durst, den vielfachen Tod von Familienmitgliedern und Freunden. Aber für viele, viele unserer Mitmenschen gilt dies nicht. Wir können jeden Abend beruhigt zu Bett gehen, in dem Bewusstsein dass die Sonne auch am nächsten Tag scheinen wird. Wir können ruhig und gut schlafen, ohne Existenzängste, ohne Sorge um Leib und Leben der Familie und Freunde.

Aber für wie viele gilt dies nicht? Menschen, die sich fragen müssen, ob nicht vielleicht der nächste Tag auch ihr letzter sein wird? Oder der letzte ihrer Kinder?

Vor ihrem Leid dürfen wir unsere Augen und Herzen nicht verschließen, wir müssen hinsehen.

Verpflichtet nicht allein die bloße Existenz von derartigen Schrecknissen schon zu Hilfe und Beistand?

Und ist nicht die Flucht Unzähliger aus dem nahen und mittleren Osten sowie Afrika auch vielleicht Ausdruck dessen, dass wir bisher nicht aufmerksam genug auf die Lage der Vertriebenen und Flüchtende geschaut haben? Dass wir die Augen verschollen und nicht genug getan haben, um ihnen auch vor Ort genug zu helfen, damit es gar nicht erst zu solch einem Exodus kommen musste?

Erwächst nicht aus diesem Bewusstsein, dass wir es so viel besser haben als viele andere nicht auch eine große Bereitschaft, ja sogar ein Bedürfnis, Notleidenden beizustehen? Bei mir ist das so.

Und es macht mich glücklich, zu sehen, dass in diesen schwierigen Tagen für uns alle so viele Menschen den Ruf der Hilfsbereitschaft gehört haben und ihm gefolgt sind. Und hoffentlich noch viele weitere folgen werden.

Es spielt keine Rolle, welcher Religion jemand angehört

Ich bin gläubige Christin, und gerade deshalb sehe ich es als meine Pflicht an, jedwedem Menschen in der Not beizustehen.

Gott selbst macht keinen Unterschied zwischen uns, ob wir nun Mann oder Frau, groß oder klein, gebildet oder aus bescheideneren Verhältnissen kommen. Und deshalb spielt es auch keine Rolle, ob jemand Christ, Atheist oder Muslim ist.

Das Angehören einer Religion (egal welcher), ja auch die bewusste Entscheidung, keinen Gott zu haben, macht uns nicht zu besseren oder schlechteren Menschen. Wir sind alle von gleichem Wert.

Und folgt daraus nicht auch, dass wir verpflichtet sind, jedem Menschen zu helfen, der um Hilfe bittet, der in Not geraten ist? Egal ob gläubig oder ungläubig. Ungeachtet des Gottes, den derjenige verehren mag und den er um Schutz bittet. Für mich ganz sicher.

Wenn ich jemandem helfe, und dann seine Dankbarkeit erfahren darf, freut es mein Herz. Dann fühle ich mich Gott nahe. Und hier macht es für mich gar keinen Unterschied, wem ich helfe. Für mich ist nur entscheidend, ob jemand in Not ist. Dies allein ist ausreichend, damit im geholfen werden soll.

Jeder ist uns willkommen

Vor Gott sind wir alle gleich. Und auch vor dem Gesetz der Humanität. Die Menschenrechte gelten mit großer Selbstverständlichkeit für alle, egal welche Hautfarbe ein Mensch hat.

Es spielt keine Rolle, welche Religion er hat. Oder in welchem Land er geboren wurde. Welche Nationalität er zufällig besitzt. Jeder hat das Recht auf ein menschenwürdiges Leben und das Streben nach Glück.

„Ich war fremd und obdachlos, doch ihr habt mich aufgenommen. Ich war hungrig, und ihr habt mir zu essen gegeben. Ich war durstig, und ihr habt mir zu trinken gegeben."

Diese Worte weisen uns die Richtung, wie wir handeln sollen.

Nicht, indem wir uns abschotten und die Augen verschließen vor dem Leid anderer, das aber grundsätzlich jeden im Leben treffen kann. Unverschuldet, schicksalshaft. Sondern indem wir uns gastfreundlich, aufgeschlossen und hilfsbereit zeigen.

Und daraus ergibt sich doch, dass wir jedem Menschen mit offenem Herzen und helfenden Händen begegnen sollen.

Jeder, der in Not ist, der dort, wo er geboren wurde, kein menschenwürdiges Dasein mehr führen kann, soll bei uns willkommen sein. Wenn man in seiner Heimat nicht mehr nach Glück streben kann, weil das Land durch Bürgerkrieg, Folter und Verfolgung zerstört wird, dann hat eben jeder auch das Recht, an einem anderen friedlichen Platz auch Gottes Welt sein Glück erneut zu suchen und zu versuchen. Und wenn die Leute auf dieser Suche nach Deutschland kommen, dann sind wir vor Gott und der Menschlichkeit verpflichtet, sie mit offenen Armen als unsere Schwestern und Brüder zu empfangen. Mit offenen Armen und weiten Herzen.

Deshalb finde ich, dass wir alle, die jetzt in der Stunde von Not und Bedrängnis, ja Lebensgefahr mit ihrer Familie, ihren Kindern hier bei uns Schutz und Obdach suchen, aufnehmen sollen. Dieses Land ist so groß und so wohlhabend, wir haben doch die Mittel, wenn wir nur auf unsere Herzen hören.

Wir sollen keine Unterschiede machen und dann nur dem einen helfen, dem anderen jedoch nicht. Wir dürfen niemanden abweisen, davon bin ich fest überzeugt.

Weil wir vielleicht das Gefühl haben, wir wären überfordert. Hilfsbereitschaft kennt keine Grenzen, wenn sie ehrlich und selbstlos ist.

Wäre es denn gerecht, den einen aufzunehmen, den anderen aber abzuweisen, nur weil er etwas später kommt, und wir meinen, wir hätten keinen Platz mehr für ihn? Das ist doch nicht zu rechtfertigen.

Was sollte aus den Abgewiesenen werden? Und ihren Kindern? Wie könnten wir ihnen das Recht auf Glück und ein menschenwürdiges Dasein verwehren, wenn es doch bei uns möglich ist?

Deshalb bin ich der festen Überzeugung: wir können niemanden abweisen, alle Hilfsbedürftigen sind uns willkommen.

Empfangen wir sie mit offenen Armen, helfen wir ihnen. Sie werden es uns danken. Und ebenso ihre Kinder, und deren Kinder, die bei uns eine neue Heimat gefunden haben.

Warum Deutschland nicht
überfordert ist

Es gibt dieser Tage so viele Menschen, die sich fragen, ob Deutschlands Möglichkeiten begrenzt sind, ob sie gar bereits erschöpft sind.

In vielen Zeitungen, in den Nachrichten, in Leserbriefen und Interviews kommen immer öfter Menschen zu Wort, die sich fragen, wie wir die Zahl der Menschen, die bei uns Schutz und Asyl suchen, begrenzen können. Die sich fragen, ob Deutschland bereits am Ende seiner Kräfte ist, ob wir überfordert sind.

Lassen Sie mich hier an dieser Stelle all jenen Verzagenden zurufen:

„Deutschland ist nicht überfordert!
Wir haben die Möglichkeit und die Mittel noch viel mehr zu tun und zu helfen!"

Dieses Land ist so groß, es gibt so viele Städte und Dörfer. Es gibt auch so viele Wohnungen, die leer stehen, seien sie nun in staatlichem Besitz oder im Besitz von Privatpersonen.

Wie können wir uns fragen, ob wir Platz für die Asylsuchenden mit ihren Familien haben, wenn wir so viel Wohnraum zur Verfügung stehen haben, der gar nicht genutzt wird? Können hier die Neuankömmlinge nicht einen neue, sichere Bleibe finden?

Wie können wir uns fragen, ob wir all die Menschen versorgen können?

Es gibt so viele Nahrungsmittel in diesem Land, die gar nicht gegessen werden, sondern, obwohl sie gar nicht schadhaft sind, entsorgt werden. Aus Restaurants, Supermärkten, aus den Privathaushalten.

Wenn ein Land in der Lage und so wohlhabend ist, Lebensmittel, Früchte, Fleisch und Gemüse aus allen Erdteilen der Welt zu importieren und davon doch die Hälfte weggeworfen wird, weil der Luxus zu groß ist, wie können wir dann zweifeln, ob es uns nicht gelingt noch mehr Flüchtlinge zu versorgen, als nun schon bereits zu uns gekommen sind?

Können wir es verantworten, sie in ihre Heimat zurückzuschicken, wo sie vielleicht Hunger leiden müssen? Obwohl sie vielleicht gerade vor Hungernöten oder Dürreperioden geflohen sind, die wir uns ja gar nicht vorstellen können?

Ich sage, dass wäre unverantwortlich. Und auch gar nicht notwendig.

Und wie können wir uns fragen, ob wir die finanziellen Mittel haben, all den Schutzbedürftigen zur Seite zu stehen?

Es gibt weltweit kaum eine Nation, die so reich ist wie Deutschland. Deren Menschen in der Lage sind, Jahr für Jahr solch fantastische Summen an Geld für soziale Projekte zu spenden.

Nirgendwo haben die Menschen so viel Geld gespart, so gut wie nirgendwo gibt es so viele Reiche und Superreiche, die weit mehr an Geld besitzen als sie zu Lebzeiten ausgeben können. Was nützt ihnen dieses Geld in Form von Aktien oder Fonds oder Immobilien? Wenn sie es doch nicht ausgeben, sondern höchstens an einige wenige Personen vererben?

Wenn jeder nur einen kleinen, angemessenen Teil seines Vermögens abgibt, haben wir dann nicht unglaubliche Möglichkeiten, noch mehr Menschen in Not zu helfen, die gar nichts besitzen?

Und wenn die wirklich Reichen nicht nur einen kleinen Teil abgeben, sondern eben einen größeren Teil spenden? Das tut ihnen gewiss nicht weh, sie merken es doch gar nicht. Aber mit diesem Geld könnten wir so vielen Hungernden und Durstenden helfen!

Warum es nicht reicht, nur den Menschen zu helfen, die jetzt hierher kommen

Wenn wir solche Möglichkeiten haben, aufgrund unseres Wohlstandes, dann können wir doch nicht die Augen verschließen vor all dem Leid auf der Welt!

Ein solcher Wohlstand im Angesicht solcher Not verpflichtet zur Übernahme von Verantwortung für ärmere Menschen, die sich nicht selbst helfen können.

Ich finde, es reicht deshalb auch nicht, nur denen zu helfen, die jetzt aus eigenen Stücken zu uns kommen, weil sie dort, wo sie herkommen nicht mehr leben können.

Es gibt fast 8 Milliarden Kinder Gottes auf der Welt, von denen 60 bis 70 Millionen auf der Flucht sind. Und nur ein so verschwindend kleiner Anteil dieser Verzweifelten klopft dieser Tage an unsere Haustür.

Wie können wir uns da Gedanken machen, ob wir sie abweisen sollen? Wie können wir uns Sorgen machen, das noch mehr Menschen kommen?

Ich sage, es wäre doch im Gegenteil besser, wenn noch mehr kommen, damit es ihnen hier bei uns besser geht als in Ländern, in denen Krieg oder Hunger herrscht.

Und ist nicht vielmehr allein die Tatsache, dass sie überhaupt so verzweifelt werden mussten, solch eine Flucht mitsamt der Familie auf sich zu nehmen, ein Zeichen dafür, dass wir in der Vergangenheit viel zu wenig getan haben, um ihnen zu helfen? Eben weil wir zuvor nicht genug für sie getan haben, eben weil wir nicht genügend hingeschaut haben und Hilfe vor Ort geleistet haben, musste es vielleicht erst soweit kommen.

Deshalb sage ich, helft den Verzweifelten, die hierher kommen, um eine Zukunft zu suchen. Helft jedem, verwehrt es ihnen nicht, ich bitte Euch!

Warum wir auch die Verantwortung haben, noch mehr zu tun als andere

Manchmal habe ich den Eindruck, dass es einige Menschen in unserer Gesellschaft gibt, die vergessen haben, dass es in der Geschichte Deutschlands auch Zeiten gab, in denen es den Menschen hier schlechter ging.

In denen auch in Deutschland Menschen starben, durch Krieg, Bomben, Hunger, Seuchen und Krankheit. In denen das Leid hier bei uns keine Grenzen kannte. Das ist doch noch gar nicht so lange her, ist all diese Gräuel schon in Vergessenheit geraten?

Und haben die Menschen vergessen, welch entsetzliche Dinge und Taten die Menschen, die früher in diesem Land lebten, begangen haben?

Menschen, die nicht so viel älter als wir sind. Menschen, die unsere Väter, Großväter oder Urgroßväter waren!

Haben wir vergessen, welches Leid, welche Not diese Täter über andere hilflose, unschuldige Menschen gebracht haben? Ebenso wie über die eigene Bevölkerung. Welche Zerstörungswut sie entfesselt haben? Welche Verbrechen sie begangen haben? Wessen wir sie anklagen müssen? Wessen sie schuldig sind?

Haben manche der Nachfahren in so kurzer Zeit so viel vergessen? Ich kann es kaum glauben, das kann einfach nicht auf viele in diesem sonst so wunderschönen Land zutreffen. Haben sie denn so wenig aus unserer Geschichte gelernt?

Aus den Schrecknissen, die unsere Väter, Großväter und Urgroßväter über die Menschheit gebracht haben, erwächst den Nachfahren eine besondere Verantwortung. Ich dachte, dass hätten wir jetzt gelernt.

Und wenn wir dies ernst meinen, dann müssen wir diese Verantwortung auch wahrnehmen. Wir dürfen uns nicht davor drücken, wenn es darauf ankommt.

Denn ist das jetzt nicht so eine Situation? Eine Situation, wo es eben darauf ankommt, eine Schuld, die man zuvor auf sich geladen hat, auch wahrzunehmen, Verantwortung zu übernehmen und nicht mit dem Finger auf andere zu zeigen. In der Hoffnung, dass sie uns etwas von der Last und der Verantwortung abnehmen. Das wäre doch nicht richtig!

Es steht uns nicht zu, jetzt zu quengeln, dass auch andere Länder in Europa diese Verantwortung auf sich nehmen, wenn es doch zuallererst an uns liegt, hier aufrecht zu bleiben. Damit machten wir es uns zu einfach!

Andere Länder haben eben keine solche Verantwortung aufgrund ihrer historischen Schuld und Bürde, das dürfen wir nicht vergessen! Niemals vergessen!

Und deshalb müssen wir uns gerade jetzt hilfsbereit und selbstlos zeigen. Unabhängig davon, wie sich andere Menschen verhalten.

Nicht zu viel an uns sollen wir denken, sondern mehr an andere, denen es schlechter geht. Und wir sollten nicht die Zeit damit vergeuden, anderen Vorwürfe zu machen, dass sie nicht genug tun, und wir alles alleine stemmen müssten.

Nur wer unschuldig ist, der werfe den ersten Stein!

Jetzt ist die Zeit, um mit gutem Beispiel voranzugehen, all denen zum Trotz, die egoistischer sind.

Dessen bin ich gewiss.

Jeder hat das Recht auf eine zweite Chance

Nachdem unsere Vater, Großväter und Urgroßväter Europa in Schutt und Asche gelegt hatten, Millionen und Abermillionen getötet wurden, ja sie selbst ihr eigenes Heimatland entzündet hatten, war bei unseren Nachbarn wie bei uns so gut wie alles zerstört.

Wir hatten alles verwirkt und mussten bei null wieder anfangen!

Aber dennoch bekamen wir eine zweite Chance.

Unsere Nachbarn ermöglichten es uns, unser Land wiederaufzubauen. Sie halfen uns sogar dabei.

In einer Situation, in der wir uns nicht mehr selbst helfen konnten, und obwohl wir uns so vieler entsetzlicher Verbrechen an ihnen schuldig gemacht hatten, halfen sie uns.

Wir erhielten eine zweite Chance. Wie sähe unser Land jetzt aus, wenn wir diese zweite Chance nicht gewährt bekommen hätten?

Und folgt daraus nicht auch, dass wir nun verpflichtet sind, auch andern Menschen, die noch dazu unverschuldet alles verloren haben und flüchten mussten, eine zweite Chance zu gewähren?

Hier bei uns? Wenn wir jetzt die Möglichkeit dazu haben? Menschen die ebenfalls an dem Punkt sind, wo sie bei null wieder anfangen müssen?

Wäre das nicht richtig? Wäre das nicht wahrhaft gutherzig? Würden wir so nicht ein kleines bisschen der Schuld, die wir damals auf uns geladen haben, wieder gut machen?

Ich glaube fest, dies ist eine Gelegenheit, wirklich zu zeigen, dass wir aus unserer Geschichte, unserer Vergangenheit und unserer Schuld gelernt haben. Dass unserer Land und die Menschen, die jetzt hier leben, aus ihren Verbrechen gelernt haben. Das wir uns der zweiten Chance würdig erweisen, die wir damals durch die Gnade Gottes und unserer Mitmenschen erhielten, die wir doch zuvor so gequält und bekämpft hatten.

Deshalb, lasst uns diesen armen Menschen, die in ihrer Not nun zu uns kommen, helfen!

Genauso, wie damals uns geholfen wurde.

Warum das Recht auf Asyl keine Grenzen kennt

Jeder Mensch wird mit den gleichen Rechten geboren.

Dazu gehört das Recht auf ein menschenwürdiges Leben, dazu gehört genauso das Streben nach Glück. Darin sind wir, wie beschrieben, alle gleich.

Jeder hat das Recht auf eine sichere, glückliche Zukunft in der Gegenwart seiner Familie. Und diese Rechts können und dürfen wir auch niemandem abstreiten.

Wenn es nun aber so viele Menschen auf der Welt gibt, die in Elend, Armut, Hunger, Durst leben müssen, von Missernten, Krieg, Verfolgung und Folter heimgesucht, dann müssen wir auch anerkennen, dass all diese Menschen das Recht haben, ihr Glück woanders zu suchen.

Wenn die Umgebung, das Land, in dem sie leben, in dem sie geboren wurde, ein Streben nach Glück und ein menschenwürdiges Leben unmöglich machen, dann haben diese Menschen das Recht, aufzubrechen. Aufzubrechen und sich woanders eine neue Existenz, eine neue Zukunft aufzubauen.

Ich bin fest davon überzeugt, dass dieses Recht jedem Menschen zusteht. Und auch immer zustehen wird. Es gilt für die Flüchtlinge genauso wie auch für die Menschen in Deutschland, falls es hier einmal zu solchem Übel kommt.

Jeder von uns wäre doch genauso dankbar wie die vielen Flüchtlinge es jetzt sind, wenn sie von jemandem aufgenommen werden. Man endlich wieder in Sicherheit ist und aufatmen kann.

Und wenn manche Flüchtlinge sich unser Land aussuchen, weil sie glauben, hier eine bessere Zukunft zu haben, dann ehrt uns das. Wir sollten uns glücklich schätzen für so viel Vertrauen und uns nicht beklagen. Nicht im Angesicht unseres beispiellosen Wohlstandes sowie unser ebenso einzigartigen historischen Verantwortung.

Und deshalb dürfen wir auch niemanden abweisen!

Wir haben kein Recht, verzweifelten Menschen das Recht auf ein Leben in Frieden, Sicherheit und Glück zu verwehren.

Das Recht auf Asyl ist eine der größten Errungenschaften in der doch leider so blutigen Geschichte der Menschheit.

Wir können nicht dem einen dieses Rechts gewähren, den nächsten aber abweisen, nur weil er etwas später unsere Grenze überquert.

Wenn wir diese Errungenschaft leichtfertig aufgeben, oder außer Kraft setzen, dann machen wir die Welt nicht besser, wir machen sie schlechter.

Und wir wollen doch alle in einer schönen, guten Welt wohnen, gemeinsam. Nicht in einer Welt, in der Krieg und Angst regieren, sondern in einer Welt, die von Hilfsbereitschaft, Barmherzigkeit, Großzügigkeit, Wohltaten und vor allem Frieden geprägt ist.

Deshalb dürfen wir jetzt nicht verzagen.

Das Recht auf Asyl, die Aufnahme von Verzweifelten ist vor allem eine Frage der Menschlichkeit.

Und auch eine Frage, wie uns die nachfolgenden Generationen bewerten werden. Ob wir vor ihrem Urteil bestehen oder ob man uns Vorwürfe machen wird, wie wir ja auch vieles den Generationen vor uns vorwerfen.

Daher sollten wir uns großzügig zeigen, menschlich. Und zeigen, dass wir dazugelernt haben.

Jeder einzelne von uns ist gefragt

Bei den gewaltigen Aufgaben, vor denen wir stehen, ist jeder einzelne von uns gefragt. Jeder einzelne von uns trägt Verantwortung für unsere Nächsten.

Alle die wir in diesem Land leben, das eine zweite Chance erhielt, und die wir jetzt den unverhofften Frieden, ja gar Wohlstand genießen, darf sich hier angesprochen fühlen. Jeder der in einem Wohlstand lebt, den wohl niemand für möglich gehalten hätte, wenn man bedenkt, wie unser Land vor nicht einmal 60 oder 70 Jahren aussah. Das ist nicht einmal ein ganzes Menschenleben her, es war sozusagen gestern.

Es genügt daher meiner Meinung eben auch nicht, die Verantwortung unseren Politikern zuzusprechen oder gar anderen Ländern in der Europäischen Union. Oder sich auf Hilfsorganisation und Kirchenverbände zu verlassen. Oder die Aufgabe vor allem bei Beamten, Ärzten, Schwestern und Krankenpflegern zu suchen, die sich schon bei ihrer Berufswahl für ein Leben im Dienst anderer entschieden haben.

Natürlich sind all diese auch gefragt, und was sie leisten begeistert mich. Aber es ist noch so viel mehr möglich. Und auch notwendig.

Ich freue mich, in einem Land leben zu können, in dem sich in den Stunden, Tagen und Wochen solcher Not eine derartige Welle an Hilfsbereitschaft zeigt. Ich bewundere die vielen, vielen ehrenamtlichen Helfer, die sich für die armen Flüchtlinge engagieren und die so selbstlos und menschenfreundlich handeln.

Sie sind in diesen Tagen unsere Vorbilder. Menschen, die nicht nur Spenden sammeln, sondern auch selbst aktiv werden und handfeste Hilfe leisten.

Die auf die Flüchtlinge zugehen und sie willkommen heißen, in den Arm nehmen.

Wenn sich noch mehr Menschen an diesen wundervollen Mitbürgern ein Beispiel nehmen, als es bereits bisher der Fall ist, dann müssen wir doch auch gar nicht darüber nachdenken, wie wir es im Gegenteil schaffen, den Strom der Flüchtlinge zu begrenzen.

Da wir noch viel mehr Hilfen leisten können. Wenn jeder etwas beiträgt, dann ist auch noch viel mehr möglich. Für die notleidenden Menschen, die da in diesen Tagen so verzweifelt an unsere Tür klopfen.

Ich bitte alle, weist sie nicht ab, wenn dies doch gar nicht wirklich notwendig ist.

Wo können wir noch mehr tun?

Unsere Möglichkeiten zu helfen sind so vielfältig.

Nicht nur denen, die schon bei uns sind, sondern auch all jenen, die noch kommen werden.

Wir können nicht nur Spenden sammeln, also Geld, auch wenn dieses in der großen Not sehr nützlich ist. Jeder kann sich fragen, welche Dinge er in seinem Haushalt nicht mehr unbedingt benötigt. Dinge, bei denen es uns nicht wehtut, wenn wir uns von ihnen trennen müssen, die aber für andere Menschen eine so große Hilfe darstellen.

Decken gegen die Kälte, Kleidung für Erwachsene, Kinder aber auch Kleinkinder oder Babys, die wir noch in den Schränken haben, die wir nicht mehr brauchen. Die wir vielleicht schon wegwerfen wollten aber auch Hilfsorganisationen zur Verfügung stellen können.

Altes Spielzeug für Kinder, genauso aber alte Möbel, die wir schon vielleicht zum Sperrmüll geben wollten. Möbel, die aber jemand, der hier eine neue

Bleibe sucht, für den Anfang so gut für sich und seine Familie verwenden kann. In dieser Hinsicht kann alles aus unseren Haushalten, was wir nicht mehr brauchen, von anderen Menschen gebraucht werden, die sich hier mit bescheidenen Mitteln eine neue Existenz aufbauen wollen. Ihnen ist in ihrer Not mit fast allem geholfen.

Wir müssen nur unserem guten Willen und unseren Herzen folgen, dann fällt jedem etwas ein, was er beitragen kann. Es gibt hierfür so viele verschiedene Wege und Möglichkeiten.

Und wenn wir alle in diesen Monaten selbst etwas bescheidener leben, dann kann mit dem Geld, was wir nicht für uns ausgeben, um uns vielleicht einen zu Luxus gönnen, der uns nicht wirklich glücklich macht, eben doch anderen Menschen geholfen werden.

Denn ist nicht die Hilfsbereit viel mehr wert als der Streben nach eigenem Reichtum, als der Streben nach Luxus, der doch schnell langweilig wird? Ist nicht die Dankbarkeit von Notleidenden viel mehr wert als ein neues, schnelleres Auto?

Es muss natürlich nicht jeder, der vielleicht wenig besitzt, freiwillig einen großen Teil seines Vermögens zur Verfügung stellen. Je weniger man selbst besitzt, desto herausragender ist es, wenn die betreffende Person so selbstlos ist, doch noch etwas abzugeben. Davor habe ich wirklichen Respekt.

Aber da wir auch in einem Land leben, in denen doch leider Gottes so wenigen der Gesellschaft ein Großteil des Vermögens gehört, können und müssen wir uns vielleicht fragen, ob auch diese Menschen einen gerechten Anteil an der Last, die wir dieser Tage zu tragen haben, auf sich nehmen. Oder ob sie sich aus der Verantwortung ziehen.

Gerade diejenigen, die so reich sind, die in Villen wohnen, teure Autos fahren oder in Luxushotels im Süden Urlaub machen, sind heute mehr gefragt als je zuvor.

Haben sie sich auch gefragt, wie viel von ihrem unermesslichen Reichtum sie abgeben können, ohne dass es ihnen wehtut? Wie viel sie abgeben können, ohne es wirklich zu bemerken, was aber die Notleidenden um so viel deutlicher bemerken werden?

Und ist es vielleicht auch möglich, so viel abzugeben, dass sie doch etwas merken würden? Würde das nicht dafür sprechen, dass sie wirklich ihre Verantwortung für die Gesellschaft und die Flüchtlinge wahrnehmen?

Ich würde das begrüßen und bewundern. Aber in gewisser Weise auch einfordern. Nicht aus Neid, sondern weil mit den vielen Mitteln, welche von so wenigen besessen werden, doch so Herrliches geschaffen werden kann.

Ich bin mir sicher: wenn es bei uns Menschen gibt, die so viel besitzen, dass sie es gar nicht richtig nutzen können, dann können wir auch nicht sagen, dass Deutschland überfordert ist, solange wir nicht diese Mittel auch ausgeschöpft haben.

Einer der größten und in dieser Krise wichtigsten Gaben, die Menschen besitzen, ist das Zeigen von Mitgefühl.

Das Empfinden von Mitgefühl im Angesicht des Kummers der Notleidenden, die Fähigkeit zur

Nächstenliebe. Es geht eben nicht nur um die Spende von materiellen Dingen, um Deutschunterricht oder Schulbildung. So wichtig dies auch alles selbstverständlich ist.

Es geht auch um den Kontakt mit den Flüchtlingen. Die persönliche Begegnung ist von herausragender Bedeutung und von hohem Wert.

Wie begegnen wir denen, die da zu uns kommen und um Hilfe bitten? Wenn wir uns mit ihnen beschäftigen, mit ihnen sprechen, ja ihnen einfach nur zuhören, wenn sie ihren Kummer klagen, dann fühlen sich die Menschen verstanden, nicht nur versorgt, sondern auch angenommen.

Solch eine Begegnung kann überall stattfinden. Durch direktes Engagement aber auch an der Kasse im Supermarkt.

Jeder kann seinen Mitmenschen mit Gleichgültigkeit, ja sogar mit Kälte begegnen. Oder eben mit einem Lächeln. Ein Lächeln das unbezahlbar ist.

Vor allem, wenn man in einem fremden Land angekommen ist, dessen Bewohner man noch nicht kennt, vor denen man vielleicht auch etwas Angst hat. Solch ein Lächeln kann doch eine feste Brücke bauen!

Deshalb: lasst uns die Flüchtlinge mit einem Lächeln begrüßen, nehmen wir sie in den Arm. Sie werden dies niemals vergessen.

Ebenso müssen wir nicht nur den Flüchtlingen helfen, die bei uns ankommen, sondern auch denen, die dies noch nicht geschafft haben. Auf diese Weise lässt sich möglicherweise auch verhindern, dass sie solch einen gefahrvollen und entbehrungsreichen Weg überhaupt auf sich nehmen müssen.

Wir sollten uns fragen, ob wir auch genug für die Flüchtlinge etwa in Ländern wie Jordanien (500.000 Flüchtlinge), Libanon (über 1.000.000 Flüchtlinge) oder der Türkei (ebenfalls über 1.000.000 Flüchtlinge) getan haben.

Die Liste dieser Länder ließe sich hier noch weiterführen.

Haben wir ihnen genügend Nahrungsmittel, Trinkwasser, Hygieneartikel, Medikamente oder auch Schutzmaßnahmen wie Zelte und Decken gegen die

Kälte des anstehenden Winters zur Verfügung gestellt? Die Flüchtlinge, die dort in Bedrängnis sind, aber auch die Regierungen und die Bevölkerung der Menschen selbst, benötigen ebenfalls unsere Hilfe!

Sind wir nicht vielleicht auch etwas mitverantwortlich, dass es so viel Not gibt?

Wir sind aufgrund unserer Geschichte, unserer historischen Verantwortung aber auch schon allein aufgrund der Tatsache, dass die Flüchtlinge Menschen genau wir sind, zur Hilfe verpflichtet. Davon bin ich fest überzeugt.

Aber sind wir auf der anderen Seite nicht auch etwas mit dafür verantwortlich, dass all das Leid überhaupt erst entstanden ist, dessen Zeuge wir jetzt werden? Das es soweit kommen musste?

Ein Leid, dass für uns unermesslich ist, das wir uns nur vorstellen können, es aber zum Glück nicht selbst erleben müssen. Im Gegensatz zu all den armen Flüchtlingen, deren Not so groß war, dass sie sich auf solch eine gefahrvolle Reise begeben haben.

Sind wir nicht auch deshalb mit Schuld an ihrem Leid, weil der Westen, in dem wir leben, in einigen dieser Länder selbst Krieg geführt hat? Wieder und wieder? Und auch heute noch?

Ein Krieg, der auch die Bevölkerung selbst trifft. Es ist kein Krieg ohne Opfer und Vertreibung der unschuldigen Zivilbevölkerung denkbar, und das wissen auch die Verantwortlichen, welche die Kriege befehligen.

Sind wir nicht auch deshalb zum Teil mitverantwortlich, wenn unsere Rüstungsindustrien weltweit und auch in Krisenregionen mit Waffen handeln? Waffen, die auch gegen die Zivilbevölkerung eingesetzt werden, leider Gottes.

Ist nicht auch jeder von uns ein wenig mitbeteiligt, weil keiner von uns verhindert hat, dass unsere Gesellschaften dort bisweilen Krieg führen und mit Waffen handeln?

In kriegerischen Konflikten sind die am meisten Leidtragenden stets in den Reihen der unschuldigen, hilflosen Zivilbevölkerung zu suchen. Frauen und Kinder, sie sind die Verletzlichsten und Schwächsten, ihr Elend ist stets am größten, sie sind diejenigen, die sich nicht wehren können, das dürfen wir nicht vergessen.

Wie können wir uns dann jetzt, wenn wir die Früchte unseres Zorns ernten, die Augen verschließen? Wie können wir unsere Hilfe verweigern wollen, wenn wir doch zum Leid der Flüchtlinge auf diese Weise beigetragen haben?

Daraus folgt für mich, dass jeder von uns gerade jetzt gefragt ist. Auch weil wir etwas wieder gut zu machen haben, was wir zuvor angerichtet haben.

Deshalb können wir jetzt niemanden abweisen, der aus Gründen, für die wir mitverantwortlich waren und sind, alles verloren hat und flüchten muss. So einfach können wir es uns nicht machen, auch wenn es für manchen von uns jetzt angenehmer sein mag.

Die Hilfsbereitschaft der Menschen ist wundervoll

Ich möchte in diesem Buch nicht den Eindruck erwecken, ich sei nur unzufrieden. Und würde vor allem darauf schauen, wer alles in diesen Tagen wenig Hilfsbereitschaft zeigt.

Ich bin überwältigt von all den Menschen, die sich in diesen Tagen engagieren. Sich solidarisch mit unseren Mitmenschen zeigen, die von weit her gekommen sind und um Aufnahme bitten.

Die Anzahl der Menschen, die Not lindern, und auch die Art und Weise, wie selbstlos sie helfen, ist atemberaubend.

Schon immer haben die Bewohner in diesem Land so bereitwillig gespendet, wenn in der Welt Regionen von Hungernöten, Krieg oder Erdbeben versehrt wurden. Aber die Welle an Hilfsbereitschaft, die wir in diesen Wochen und Monaten miterleben dürfen, ist so beispiellos wie auch die Anzahl der Schutzbedürftigen ist, die hierher kommt.

Vor ihrer Größe verblasst die Zahl der Menschen, die sich im Augenblick fragen, wie es weitergehen soll, ob wir nicht am Ende unsere Grenzen schließen sollen.

Ich glaube, dass wir auf dem jetzigen Weg weitergehen sollen, ja müssen und können. Und das es keinen Grund gibt, sich Sorgen zu machen und zu verzagen, wenn wir uns nur auf unsere Werte und unsere Verantwortung besinnen, die ich hier beschrieben habe.

Ich glaube, ja ich weiß, dass dies der richtige Weg ist.

Menschen abzuweisen, denen es schlecht geht, kann dagegen niemals der rechte Weg sein.

Für Fremdenfeindlichkeit und Rassismus ist kein Platz in unserer Gesellschaft!

Eine Aussage die doch eigentlich selbstverständlich ist.

Doch leider habe ich den Eindruck, dass es einige Menschen in unserer Mitte gibt, die sich diese Grundlage menschlichen Miteinanders immer noch nicht zu eigen gemacht haben. Es geht hierbei um nichts anderes als um die Wertegrundlagen in unserer Gesellschaft, auf denen unsere tägliche Begegnung aufbaut.

Hier ist jeder gefragt, nicht Abschottung an die Stelle von Gastfreundlichkeit, Egoismus an die Stelle von Hilfsbereitschaft, Hartherzigkeit an die Stelle von Erbarmen und Nächstenliebe zu setzen. Oder gar Gewalt an die Stelle von friedlicher, wohlwollende Begegnung.

Eine Entscheidung, die auch definiert, wie wir in unserer Gesellschaft leben wollen. Eine Entscheidung, die uns definiert.

Alle Menschen haben den gleichen Wert, es gibt keine Unterschiede. Wohin es führen kann, wenn man diesen Grundsatz vergisst und missachtet, wenn Fremdenfeindlichkeit und Rassismus herrschen, haben wir doch selbst in unserer eigenen Geschichte vor nicht allzu langer Zeit leidvoll erfahren müssen.

Gerade in diesen Tagen müssen wir zeigen, dass wir dazu gelernt haben aus unseren eigenen Verfehlungen!

Lasst ab von Vorurteilen und Diskriminierungen, gebt jedem Menschen eine Chance, es wird Euch gedankt werden!

Für Fremdenfeindlichkeit und Rassismus ist wahrlich kein Platz mehr in unserer Gesellschaft!

Nachwort

Ich möchte an dieser Stelle die Gelegenheit nutzen, um mich zu bedanken.

Bei allen, die in diesen Tagen helfen, Leid zu lindern, selbstlos und unermüdlich. Und vielen anderen noch zaghaften Menschen zum Vorbild. Meinen aufrichtigsten Dank.

Ich bewundere Sie dafür, was Sie möglich machen, Tag für Tag. Es spielt keine Rolle, ob Sie sich ehrenamtlich engagieren, als Politiker, Beamter, Arzt, Krankenschwester oder als Lehrer, Sozialarbeiter und Kindergärtnerin.

Wenn so viele verschiedene Menschen etwas beitragen, ist das wundervoll.

Ich möchte ebenfalls meinem Neffen danken, der mir bei dem Verfassen dieses Buches am Computer und der Veröffentlichung so geholfen hat. Ohne ihn wäre mir das niemals möglich gewesen.

Ich selbst engagiere mich bei unserer Kirche für die Flüchtlinge, wie ich mich zuvor bereits schon lange für Bedürftige engagiere, etwa indem ich eine Patenschaft für ein junges Mädchen in Afrika übernommen habe.

Aber bei der Arbeit für dieses Buch war ich doch selbst auf Hilfe angewiesen. Und durfte erleben, wie schön auch dies sein kann. Wenn man nicht alleine vor einer Aufgabe steht, sondern Hilfe bekommt. Gemeinsam ist so vieles möglich.

Gleichzeitig möchte ich all den Helfenden hier Mut zusprechen, auch weiterhin Hilfe zu leisten.

Verzagt nicht, Ihr steht nicht alleine da! Gemeinsam machen wir diese Welt zu einem besseren Ort! Für uns alle!

Und ich möchte hier auch die Chance nicht verstreichen lassen, all jene zu ermutigen, die noch nichts in dieser Krise beigetragen haben.

Es ist so leicht, Hilfe beizutragen. Auch wenn man wenig besitzt, kann man immer einen wenn auch kleinen Teil abgeben.

Und um wie viel leichter, wie problemlos ist teilen erst dann, wenn man reich ist, wie groß sind dann die Möglichkeiten? Wie viel kann man mit seinem Reichtum dann bewegen, wenn man bereit ist abzugeben, zu teilen?

Reichtum ist nicht nur angenehm, er verpflichtet auch. Er verpflichtet zur Hilfe Notleidender, die wenig besitzen.

Und wer seinen Reichtum teilt, dem ist Dank gewiss.

Nur der ist wahrhaft reich, der nicht dabei auch selbstsüchtig ist, sondern denen abgibt, die weniger haben. Der denen, die Not leiden, gegenüber großzügig ist.

Ich wünsche mir für dieses Land, seine Gesellschaft und die Menschen, die in hier leben, egal welcher Herkunft, welcher Religion und welcher Hautfarbe, dass dies nicht nur weiter in Frieden und Wohlstand möglich ist, sondern auch im Angesicht von Leid, dass wir lindern (können).

Dass wir eine Gemeinschaft von Menschen sind, die ihre Augen nicht vor der Not und dem Leid anderer verschließt. Das wir nicht selbstsüchtig mögen, sondern barmherzig und großzügig. Und niemandem unsere Hilfe verweigern, der sie nötig hat, der um sein Leben und das seiner Kinder fürchtet.

Das wir uns morgens mit reinem Gewissen im Spiegel ansehen können.

Deshalb glaube ich, dass wir niemanden abweisen dürfen, der in der Stunde größter Bedrängnis bei uns Zuflucht sucht.

Das Recht auf Asyl kennt keine Grenzen, ebenso wenig wie unsere Hilfsbereitschaft. Wir haben nicht das Recht, unsere Mitmenschen im Stich zu lassen und die Augen zu verschließen.

Die Hilfsbereitschaft für unsere Mitmenschen macht uns nicht nur zu guten Menschen, sie macht uns erst zu Menschen. Hilfsbereitschaft und die daraus entstehende Dankbarkeit sind eine der schönsten Gaben, welche die Menschen mit auf den Weg bekommen haben.

Verschließen wir uns nicht vor ihr, wenden wir uns ihr zu! Und bleiben wir hilfsbereit und engagiert, lassen wir uns nicht von Problemen und Schwierigkeiten oder der Meinung anderer vom richtigen Weg abbringen!

Dank an die Leserin oder den Leser des Buches

Ich möchte die Gelegenheit nicht verstreichen lassen, mich an dieser Stelle bei Ihnen, geschätzte Leserin bzw. geschätzter Leser für den Kauf und die Lektüre meines Buches zu bedanken.

Ich hoffe, ich konnte mit meinen Gedanken ihr Herz bewegen. Lassen Sie uns auf unserem richtigen Weg weitergehen und gemeinsam unser Land, Europa und die Welt zu einem besseren Ort machen. Für uns alle.

Wenn Sie mich auch an Ihren Gedanken zu diesem Anliegen teilhaben lassen wollen, zögern Sie nicht, mir zu schreiben. Meine E Mail Adresse finden sie auf den ersten Seiten des Buches. Ich werde mich geehrt fühlen!